AF411003

CARACTÈRES

DE LA

RÉVÉLATION SPIRITE

PAR

ALLAN KARDEC

Prix : 15 centimes

PARIS

BUREAU : RUE DE LILLE, 7

A LA LIBRAIRIE SPIRITE

—

1869

Traduction facultative.

CARACTÈRES

RÉVÉLATION SPIRITE

1. — Peut-on considérer le Spiritisme comme une révélation? Dans ce cas, quel est son caractère? Sur quoi est fondée son authenticité? A qui et de quelle manière a-t-elle été faite? La doctrine spirite est-elle une révélation dans le sens théologique du mot, c'est-à-dire est-elle en tout point le produit d'un enseignement occulte venu d'en haut? Est-elle absolue ou susceptible de modifications? En apportant aux hommes la vérité toute faite, la révélation n'aurait-elle pas pour effet de les empêcher de faire usage de leurs facultés, puisqu'elle leur épargnerait le travail de la recherche? Quelle peut être l'autorité de l'enseignement des Esprits, s'ils ne sont pas infaillibles et supérieurs à l'humanité? Quelle est l'utilité de la morale qu'ils prêchent, si cette morale n'est autre que celle du Christ que l'on connaît? Quelles sont les vérités nouvelles qu'ils nous apportent? L'homme a-t-il besoin d'une révélation et ne peut-il trouver en lui-même et dans sa conscience tout ce qui lui est nécessaire pour se conduire? Telles sont les questions sur lesquelles il importe d'être fixé.

2. — Définissons d'abord le sens du mot *révélation*.

Révéler, du latin *revelare*, dont la racine est *velum*, voile, signifie littéralement *sortir de dessous le voile*, et au figuré : découvrir, faire connaître une chose secrète ou inconnue. Dans son acception vulgaire la plus générale, il se dit de toute chose ignorée qui est mise au jour, de toute idée nouvelle qui met sur la voie de ce que l'on ne savait pas.

A ce point de vue, toutes les sciences qui nous font connaître les mystères de la nature sont des révéla

"

tions, et l'on peut dire qu'il y a pour nous une révélation incessante ; l'astronomie nous a révélé le monde astral que nous ne connaissions pas ; la géologie, la formation de la terre ; la chimie, la loi des affinités ; la physiologie, les fonctions de l'organisme, etc. ; Copernic, Galilée, Newton, Laplace, Lavoisier sont des révélateurs.

3. — Le caractère essentiel de toute révélation doit être la vérité. Révéler un secret, c'est faire connaître un fait ; si la chose est fausse, ce n'est pas un fait, et par conséquent il n'y a pas révélation. Toute révélation démentie par les faits n'en est pas une ; si elle est attribuée à Dieu, Dieu ne pouvant ni mentir ni se tromper, elle ne peut émaner de lui ; il faut la considérer comme le produit d'une conception humaine.

4. — Quel est le rôle du professeur vis-à-vis de ses élèves, si ce n'est celui d'un révélateur ? Il leur enseigne ce qu'ils ne savent pas, ce qu'ils n'auraient ni le temps ni la possibilité de découvrir eux-mêmes, parce que la science est l'œuvre collective des siècles et d'une multitude d'hommes qui ont apporté, chacun, leur contingent d'observations, et dont profitent ceux qui viennent après eux. L'enseignement est donc, en réalité, la révélation de certaines vérités scientifiques ou morales, physiques ou métaphysiques, faite par des hommes qui les connaissent à d'autres qui les ignorent, et qui sans cela les eussent toujours ignorées.

5. — Mais le professeur n'enseigne que ce qu'il a appris : c'est un révélateur du second ordre ; l'homme de génie enseigne ce qu'il a trouvé lui-même : c'est le révélateur primitif ; il apporte la lumière qui, de proche en proche, se vulgarise. Où en serait l'humanité, sans la révélation des hommes de génie qui apparaissent de temps à autre !

Mais qu'est-ce que les hommes de génie ? Pourquoi sont-ils hommes de génie ? D'où viennent-ils ? Que deviennent-ils ? Remarquons que la plupart apportent en naissant des facultés transcendantes et des connaissances innées, qu'un peu de travail suffit pour développer. Ils appartiennent bien réellement à l'humanité, puisqu'ils naissent, vivent et meurent comme nous. Où donc ont-ils puisé ces connaissances qu'ils n'ont pu acquérir de leur vivant ? Dira-t-on, avec les matérialistes, que le hasard leur a donné la matière cérébrale en plus grande quantité et de meilleure qualité? Dans ce cas, ils n'auraient pas plus de mérite qu'un légume plus gros et plus savoureux qu'un autre.

« Dira-t-on, avec certains spiritualistes, que Dieu les a doués d'une âme plus favorisée que celle du commun des hommes? Supposition tout aussi illogique, puisqu'elle entacherait Dieu de partialité. La seule solution rationnelle de ce problème est dans la préexistence de l'âme et dans la pluralité des existences. L'homme de génie est un Esprit qui a vécu plus longtemps; qui a, par conséquent, plus acquis et plus progressé que ceux qui sont moins avancés. En s'incarnant, il apporte ce qu'il sait, et comme il sait beaucoup plus que les autres, sans avoir besoin d'apprendre, il est ce qu'on appelle un homme de génie. Mais ce qu'il sait n'en est pas moins le fruit d'un travail antérieur, et non le résultat d'un privilége. Avant de renaître, il était donc Esprit avancé; il se réincarne, soit pour faire profiter les autres de ce qu'il sait, soit pour acquérir davantage.

Les hommes progressent incontestablement par eux-mêmes et par les efforts de leur intelligence; mais, livrés à leurs propres forces, ce progrès est très lent, s'ils ne sont aidés par des hommes plus avancés, comme l'écolier l'est par ses professeurs. Tous les peuples ont eu leurs hommes de génie, qui sont venus, à diverses époques, donner une impulsion et les tirer de leur inertie.

6. — Dès lors qu'on admet la sollicitude de Dieu pour ses créatures, pourquoi n'admettrait-on pas que des Esprits capables, par leur énergie et la supériorité de leurs connaissances, de faire avancer l'humanité, s'incarnent par la volonté de Dieu en vue d'aider au progrès dans un sens déterminé; qu'ils reçoivent une mission, comme un ambassadeur en reçoit une de son souverain? Tel est le rôle des grands génies. Que viennent-ils faire, sinon apprendre aux hommes des vérités que ceux-ci ignorent, et qu'ils eussent ignorées pendant encore de longues périodes, afin de leur donner un marchepied à l'aide duquel ils pourront s'élever plus rapidement? Ces génies, qui apparaissent à travers les siècles comme des étoiles brillantes, laissant après elles une longue traînée lumineuse sur l'humanité, sont des missionnaires, ou, si l'on veut, des messies. Les choses nouvelles qu'ils

enseignent aux hommes, soit dans l'ordre physique, soit dans l'ordre philosophique , sont des *révélations*.

Si Dieu suscite des révélateurs pour les vérités scientifiques, il peut, à plus forte raison, en susciter pour les vérités morales, qui sont un des éléments essentiels du progrès. Tels sont les philosophes dont les idées ont traversé les siècles.

7. — Dans le sens spécial de la foi religieuse, la révélation se dit plus particulièrement des choses spirituelles que l'homme ne peut savoir par lui-même, qu'il ne peut découvrir au moyen de ses sens, et dont la connaissance lui est donnée par Dieu ou par ses messagers, soit au moyen de la parole directe, soit par l'inspiration. Dans ce cas, la révélation est toujours faite à des hommes privilégiés, désignés sous le nom de prophètes ou *messies*, c'est-à-dire *envoyés*, *missionnaires*, ayant *mission* de la transmettre aux hommes. Considérée sous ce point de vue, la révélation implique la passivité absolue; on l'accepte sans contrôle, sans examen, sans discussion.

8. — Toutes les religions ont eu leurs révélateurs, et quoique tous soient loin d'avoir connu toute la vérité, ils avaient leur raison d'être providentielle; car ils étaient appropriés au temps et au milieu où ils vivaient, au génie particulier des peuples auxquels ils parlaient, et auxquels ils étaient relativement supérieurs. Malgré les erreurs de leurs doctrines, ils n'en ont pas moins remué les esprits, et par cela même semé des germes de progrès qui, plus tard, devaient s'épanouir, ou s'épanouiront un jour au soleil du Christianisme. C'est donc à tort qu'on leur jette l'anathème au nom de l'orthodoxie, car un jour viendra où toutes ces croyances, si diverses pour la forme, mais qui reposent en réalité sur un même principe fondamental : Dieu et l'immortalité de l'âme, se fondront dans une grande et vaste unité, lorsque la raison aura triomphé des préjugés.

Malheureusement, les religions ont, de tout temps, été des instruments de domination ; le rôle de prophète a tenté les ambitions secondaires, et l'on a vu surgir une multitude de prétendus révélateurs ou messies qui, à la faveur du prestige de ce nom, ont exploité la crédulité au profit de leur orgueil, de leur cupidité ou de leur paresse, trouvant plus commode de vivre aux dépens de leurs dupes. La religion chrétienne n'a pas été à l'abri de ces parasites. À ce sujet, nous appelons une attention sérieuse sur le chapitre XXI de l'*Evangile selon le Spiritisme : « Il y aura de faux Christs et de faux prophètes. »*

9. — Y a-t-il des révélations directes de Dieu aux hommes? C'est une question que nous n'oserions résoudre, ni affirmativement ni négativement, d'une manière absolue. La chose n'est point radicalement impossible, mais rien n'en donne la preuve certaine. Ce qui ne saurait être douteux, c'est que les Esprits les plus rapprochés de Dieu par la perfection se pénètrent de sa pensée et peuvent la transmettre. Quant aux révélateurs incarnés, selon l'ordre hiérarchique auquel ils appartiennent et le degré de leur savoir personnel, ils peuvent puiser leurs instructions dans leurs propres connaissances, ou les recevoir d'Esprits plus élevés, voire des messagers directs de Dieu. Ceux-ci, parlant au nom de Dieu, ont pu parfois être pris pour Dieu lui-même.

Ces sortes de communications n'ont rien d'étrange pour quiconque connaît les phénomènes spirites et la manière dont s'établissent les rapports entre les incarnés et les désincarnés. Les instructions peuvent être transmises par divers moyens : par l'inspiration pure et simple, par l'audition de la parole, par la vue des Esprits instructeurs dans les visions et apparitions, soit en rêve, soit à l'état de veille, ainsi qu'on en voit maints exemples dans la Bible, l'Evangile et dans les livres sacrés de tous les peuples. Il est donc rigoureusement exact de dire que la plupart des révélateurs sont des médiums inspirés, auditifs ou voyants ; d'où il ne suit pas que tous les médiums soient des révélateurs, et encore moins les intermédiaires directs de la Divinité ou de ses messagers.

10. — Les purs Esprits seuls reçoivent la parole de Dieu avec mission de la transmettre ; mais on sait maintenant que les Esprits sont loin d'être tous parfaits, et qu'il en est qui se donnent de fausses apparences ; c'est ce qui a fait dire à saint Jean : « Ne croyez point à tout Esprit, mais voyez auparavant si les Esprits sont de Dieu. » (Ép. 1re, ch. IV, *v.* 4.)

Il peut donc y avoir des révélations sérieuses et vraies, comme il y en a d'apocryphes et de mensongères. *Le caractère essentiel de la révélation divine est celui de l'éternelle vérité. Toute révélation entachée d'erreur ou sujette à changement ne peut émaner de Dieu.* C'est ainsi que la loi du Décalogue a tous les caractères de son origine, tandis que les autres lois mosaïques, essentiellement transitoires, souvent en contradiction avec la loi du Sinaï, sont l'œuvre personnelle et politique du législateur hébreu. Les mœurs du peuple s'adoucissant, ces lois sont d'elles-mêmes tombées en désuétude, tandis que le Décalogue est resté debout comme le phare de l'humanité. Le Christ en a fait la base de son edifice, tandis qu'il a aboli les autres lois. Si elles eussent été l'œuvre de Dieu, il se serait gardé d'y toucher. Le Christ et Moïse sont les deux grands révélateurs qui ont changé la face du monde, et là est la preuve de leur mission divine. Une œuvre purement humaine n'aurait pas un tel pouvoir.

11. — Une importante révélation s'accomplit à l'époque actuelle : c'est celle qui nous montre la possibilité de communiquer avec les êtres du monde spirituel. Cette connaissance n'est point nouvelle, sans doute ; mais elle était restée jusqu'à nos jours en quelque sorte à l'état de lettre morte, c'est-à-dire sans profit pour l'humanité. L'ignorance des lois qui régissent ces rapports l'avait étouffée sous la superstition; l'homme était incapable d'en tirer aucune déduction salutaire ; il était réservé à notre époque de la débarrasser de ses accessoires ridicules, d'en comprendre la portée, et d'en faire sortir la lumière qui devait éclairer la route de l'avenir.

12. — Le Spiritisme, nous ayant fait connaître le monde invisible qui nous entoure et au milieu duquel nous vivions sans nous en douter, les lois qui le régissent, ses rapports avec le monde visible, la nature et l'état des êtres qui l'habitent, et par suite la destinée de l'homme après la mort, c'est une véritable révélation, dans l'acception scientifique du mot.

13. — Par sa nature, la révélation spirite a un double caractère : elle tient à la fois de la révélation divine et de la révélation scientifique. Elle tient de la première, en ce que son avénement est providentiel, et non le ré-

sultat de l'initiative et d'un dessein prémédité de l'homme; que les points fondamentaux de la doctrine sont le fait de l'enseignement donné par les Esprits chargés par Dieu d'éclairer les hommes sur des choses qu'ils ignoraient, qu'ils ne pouvaient apprendre par eux-mêmes, et qu'il leur importe de connaître, aujourd'hui qu'ils sont mûrs pour les comprendre. Elle tient de la seconde, en ce que cet enseignement n'est le privilége d'aucun individu, mais qu'il est donné à tout le monde par la même voie; que ceux qui le transmettent et ceux qui le reçoivent ne sont point des êtres *passifs*, dispensés du travail d'observation et de recherche; qu'ils ne font point abnégation de leur jugement et de leur libre arbitre; que le contrôle ne leur est point interdit, mais au contraire recommandé; enfin, que la doctrine n'a point été *dictée de toutes pièces, ni imposée à la croyance aveugle;* qu'elle est déduite, par le travail de l'homme, de l'observation des faits que les Esprits mettent sous ses yeux, et des instructions qu'ils lui donnent, instructions qu'il étudie, commente, compare, et dont il tire lui-même les conséquences et les applications. En un mot, *ce qui caractérise la révélation spirite, c'est que la source en est divine, que l'initiative appartient aux Esprits, et que l'élaboration est le fait du travail de l'homme.*

14. — Comme moyen d'élaboration, le Spiritisme procède exactement de la même manière que les sciences positives, c'est-à-dire qu'il applique la méthode expérimentale. Des faits d'un ordre nouveau se présentent qui ne peuvent s'expliquer par les lois connues; il les observe, les compare, les analyse, et, des effets remontant aux causes, il arrive à la loi qui les régit; puis il en déduit les conséquences et en cherche les applications utiles. *Il n'établit aucune théorie préconçue;* ainsi, il n'a posé comme hypothèses, ni l'existence et l'intervention des Esprits, ni le périsprit, ni la réincarnation, ni aucun des principes de la doctrine; il a conclu à l'existence des Esprits lorsque cette existence est ressortie avec évidence de l'observation des faits; et ainsi des autres principes. Ce ne sont point les faits qui sont venus après coup confirmer la théorie, mais la théorie qui est venue subséquemment expliquer et résumer les faits. Il est donc rigoureusement exact de dire que le Spiritisme est une science d'observation, et non le produit de l'iimagination. Les sciences n'ont fait de progrès sérieux que depuis que leur étude est basée sur la méthode expérimentale; mais jusqu'à ce jour on a cru que cette méthode n'était applicable qu'à la matière, tandis qu'elle l'est également aux choses métaphysiques.

15. — Citons un exemple. Il se passe, dans le monde des Esprits, un fait très singulier, et qu'assurément personne n'aurait soupçonné, c'est celui des Esprits qui ne se croient pas morts. Eh bien ! les Esprits supérieurs, qui le connaissent parfaitement, ne sont point venus dire par anticipation : « Il y a des Esprits qui croient encore vivre de la vie terrestre; qui ont conservé leurs goûts, leurs habitudes et leurs instincts; » mais ils ont provoqué la manifestation d'Esprits de cette catégorie pour nous les faire observer. Ayant donc vu des Esprits incertains de leur état, ou affirmant qu'ils étaient encore de ce monde, et croyant vaquer à leurs occupations ordinaires, de l'exemple on a conclu à la règle. La multiplicité des faits analogues a prouvé que ce n'était point une exception, mais une des phases de la vie spirite; elle a permis d'étudier toutes les variétés et les causes de cette singulière illusion; de reconnaître que cette situation est surtout le propre des Esprits peu avancés moralement, et qu'elle est particulière à certains genres de mort; qu'elle n'est que temporaire, mais peut durer des jours, des mois et des années. C'est ainsi que la théorie est née de l'observation. Il en est de même de tous les autres principes de la doctrine.

16. — De même que la science proprement dite a pour objet l'étude des lois du principe matériel, l'objet spécial du Spiritisme est la connaissance des lois du principe spirituel; or, comme ce dernier principe est une des forces de la nature, qu'il réagit incessamment sur le principe matériel et réciproquement, il en résulte que la connaissance de l'un ne peut être complète sans la connaissance de l'autre. *Le Spiritisme et la science se complètent l'un par l'autre;* la science sans le Spiritisme se trouve dans l'impuissance d'expliquer certains phénomènes par les seules lois de la matière; le Spiritisme sans la science manquerait d'appui et de contrôle. L'étude des lois de la matière devait précéder celle de la spiritualité, parce que c'est la matière qui frappe tout d'abord les sens. Le Spiritisme venu avant les dé-

couvertes scientifiques eût été une œuvre avortée, comme tout ce qui vient avant son temps.

17. — Toutes les sciences s'enchaînent et se succèdent dans un ordre rationnel; elles naissent les unes des autres, à mesure qu'elles trouvent un point d'appui dans les idées et dans les connaissances antérieures. L'astronomie, l'une des premières qui aient été cultivées, est restée dans les erreurs de l'enfance jusqu'au moment où la physique est venue révéler la loi des forces des agents naturels ; la chimie, ne pouvant rien sans la physique, devait lui succéder de près, pour ensuite marcher toutes deux de concert en s'appuyant l'une sur l'autre. L'anatomie, la physiologie, la zoologie, la botanique, la minéralogie ne sont devenues des sciences sérieuses qu'à l'aide des lumières apportées par la physique et la chimie. La géologie, née d'hier, sans l'astronomie, la physique, la chimie et toutes les autres, eût manqué de ses véritables éléments de vitalité ; elle ne pouvait venir qu'après.

18. — La science moderne a fait justice des quatre éléments primitifs des Anciens, et d'observation en observation, elle est arrivée à la conception *d'un seul élément* générateur de toutes les transformations de la matière ; mais la matière, par elle-même, est inerte ; elle n'a ni vie, ni pensée, ni sentiment ; il lui faut son union avec le principe spirituel. Le Spiritisme n'a ni découvert ni inventé ce principe, mais, le premier, il l'a démontré par des preuves irrécusables ; il l'a étudié, analysé, et en a rendu l'action évidente. A *l'élément matériel*, il est venu ajouter *l'élément spirituel. Elément matériel* et *élément spirituel*, voilà les deux principes, les deux forces vives de la nature. Par l'union indissoluble de ces deux éléments, on explique sans peine une foule de faits jusqu'alors inexplicables (1).

Le Spiritisme, ayant pour objet l'étude de l'un des deux éléments constitutifs de l'univers, touche forcément à la plupart des sciences ; il ne pouvait venir

---

(1) Le mot *élément* n'est pas pris ici dans le sens de *corps simple, élémentaire,* de *molécules primitives,* mais dans celui de *partie constituante d'un tout.* En ce sens, on peut dire que *l'élément spirituel* a une part active dans l'économie de l'univers, comme on dit que *l'élément civil* et *l'élément militaire* figurent dans le chiffre d'une population ; que *l'élément religieux* entre dans l'éducation ; qu'en Algérie, il y a *l'élément arabe* et *l'élément européen.*

qu'après leur élaboration, et il est né, par la force des choses, de l'impossibilité de tout expliquer à l'aide des seules lois de la matière.

19. — On accuse le Spiritisme de parenté avec la magie et la sorcellerie; mais on oublie que l'astronomie a pour aînée l'astrologie judiciaire, qui n'est pas si éloignée de nous ; que la chimie est fille de l'alchimie, dont aucun homme sensé n'oserait s'occuper aujourd'hui. Personne ne nie, cependant, qu'il y eût dans l'astrologie et l'alchimie le germe des vérités d'où sont sorties les sciences actuelles. Malgré ses formules ridicules, l'alchimie a mis sur la voie des corps simples et de la loi des affinités ; l'astrologie s'appuyait sur la position et le mouvement des astres qu'elle avait étudiés; mais dans l'ignorance des véritables lois qui régissent le mécanisme de l'univers, les astres étaient, pour le vulgaire, des êtres mystérieux auxquels la superstition prêtait une influence morale et un sens révélateur. Lorsque Galilée, Newton, Kepler eurent fait connaître ces lois, que le télescope eut déchiré le voile et plongé dans les profondeurs de l'espace un regard que certaines gens trouvèrent indiscret, les planètes nous apparurent comme de simples mondes semblables au nôtre, et tout l'échafaudage du merveilleux s'écroula.

Il en est de même du Spiritisme à l'égard de la magie et de la sorcellerie; celles-ci s'appuyaient aussi sur la manifestation des Esprits, comme l'astrologie sur le mouvement des astres; mais, dans l'ignorance des lois qui régissent le monde spirituel, elles mêlaient à ces rapports des pratiques et des croyances ridicules, dont le Spiritisme moderne, fruit de l'expérience et de l'observation, a fait justice. Assurément, la distance qui sépare le Spiritisme de la magie et de la sorcellerie est plus grande que celle qui existe entre l'astronomie et l'astrologie, la chimie et l'alchimie ; vouloir les confondre, c'est prouver qu'on n'en sait pas le premier mot.

20. — Le seul fait de la possibilité de communiquer avec les êtres du monde spirituel a des conséquences incalculables de la plus haute gravité; c'est tout un monde nouveau qui se révèle à nous, et qui a d'autant plus d'importance, qu'il atteint tous les hommes sans exception. Cette connaissance ne peut manquer d'ap-

porter, en se généralisant, une modification profonde dans les mœurs, le caractère, les habitudes et dans les croyances qui ont une si grande influence sur les rapports sociaux. C'est toute une révolution qui s'opère dans les idées, révolution d'autant plus grande, d'autant plus puissante, qu'elle n'est pas circonscrite à un peuple, à une caste, mais qu'elle atteint simultanément par le cœur toutes les classes, toutes les nationalités, tous les cultes.

C'est donc avec raison que le Spiritisme est considéré comme la troisième des grandes révélations. Voyons en quoi ces révélations diffèrent, et par quel lien elles se rattachent l'une à l'autre.

21. — MOÏSE, comme prophète, a révélé aux hommes la connaissance d'un Dieu unique, souverain Maître et Créateur de toutes choses ; il a promulgué la loi du Sinaï et posé les fondements de la véritable foi ; comme homme, il a été le législateur du peuple par lequel cette foi primitive, en s'épurant, devait un jour se répandre sur toute la terre.

22. — Le CHRIST, prenant de l'ancienne loi ce qui est éternel et divin, et rejetant ce qui n'était que transitoire, purement disciplinaire et de conception humaine, ajoute *la révélation de la vie future*, dont Moïse n'avait point parlé, celle des peines et des récompenses qui attendent l'homme après la mort. (Voir *Revue spirite*, 1861, pages 90 et 280.)

23. — La partie la plus importante de la révélation du Christ, en ce sens qu'elle est la source première, la pierre angulaire de toute sa doctrine, c'est le point de vue tout nouveau sous lequel il fait envisager la Divinité. Ce n'est plus le Dieu terrible, jaloux, vindicatif de Moïse, le Dieu cruel et impitoyable qui arrose la terre du sang humain, qui ordonne le massacre et l'extermination des peuples, sans excepter les femmes, les enfants et les vieillards, qui châtie ceux qui épargnent les victimes ; ce n'est plus le Dieu injuste qui punit tout un peuple pour la faute de son chef, qui se venge du coupable sur la personne de l'innocent, qui frappe les enfants pour la faute de leur père ; mais un Dieu clément, souverainement juste et bon, plein de mansuétude et de miséricorde, qui pardonne au pécheur repentant, et *rend à chacun selon ses œuvres ;* ce n'est plus le Dieu d'un

seul peuple privilégié, *le Dieu des armées* présidant aux combats pour soutenir sa propre cause contre le Dieu des autres peuples, mais le Père commun du genre humain, qui étend sa protection sur tous ses enfants et les appelle tous à lui ; ce n'est plus le Dieu qui récompense et punit par les seuls biens de la terre, qui fait consister la gloire et le bonheur dans l'asservissement des peuples rivaux et dans la multiplicité de la progéniture, mais qui dit aux hommes : « Votre véritable patrie n'est pas en ce monde, elle est dans le royaume céleste ; c'est là que les humbles de cœur seront élevés et que les orgueilleux seront abaissés. » Ce n'est plus le Dieu qui fait une vertu de la vengeance et ordonne de rendre œil pour œil, dent pour dent ; mais le Dieu de miséricorde qui dit : « Pardonnez les offenses, si vous voulez qu'il vous soit pardonné ; rendez le bien pour le mal ; ne faites point à autrui ce que vous ne voudriez pas qu'on vous fît. » Ce n'est plus le Dieu mesquin et méticuleux qui impose, sous les peines les plus rigoureuses, la manière dont il veut être adoré, qui s'offense de l'inobservance d'une formule ; mais le Dieu grand qui regarde la pensée et ne s'honore pas de la forme. Ce n'est plus, enfin, le Dieu qui veut être craint, mais le Dieu qui veut être aimé.

24. — Dieu étant le pivot de toutes les croyances religieuses, le but de tous les cultes, *le caractère de toutes les religions est conforme à l'idée qu'elles donnent de Dieu.* Les religions qui en font un Dieu vindicatif et cruel croient l'honorer par des actes de cruauté, par les bûchers et les tortures ; celles qui en font un Dieu partial et jaloux sont intolérantes ; elles sont plus ou moins méticuleuses dans la forme, selon qu'elles le croient plus ou moins entaché des faiblesses et des petitesses humaines.

25. — Toute la doctrine du Christ est fondée sur le caractère qu'il attribue à la Divinité. Avec un Dieu impartial, souverainement juste, bon et miséricordieux, il a pu faire de l'amour de Dieu et de la charité envers le prochain la condition expresse du salut, et dire : *Aimez Dieu par-dessus toutes choses, et votre prochain comme vous-mêmes ; c'est là toute la loi et les prophètes, il n'y en a pas d'autre.* Sur cette croyance seule, il a pu asseoir le principe de l'égalité des hommes devant

Dieu, et de la fraternité universelle. Mais était-il possible d'aimer ce Dieu de Moïse? Non; on ne pouvait que le craindre.

Cette révélation des véritables attributs de la Divinité, jointe à celle de l'immortalité de l'âme et de la vie future, modifiait profondément les rapports mutuels des hommes, leur imposait de nouvelles obligations, leur faisait envisager la vie présente sous un autre jour; elle devait, par cela même, réagir sur les mœurs et les relations sociales. C'est incontestablement, par ses conséquences, le point le plus capital de la révélation du Christ, et dont on n'a pas assez compris l'importance; il est regrettable de le dire, c'est aussi le point dont on s'est le plus écarté, que l'on a le plus méconnu dans l'interprétation de ses enseignements.

26. — Cependant le Christ ajoute : « Beaucoup des choses que je vous dis, vous ne pouvez encore les comprendre, et j'en aurais beaucoup d'autres à vous dire que vous ne comprendriez pas ; c'est pourquoi je vous parle en paraboles ; mais, plus tard, *je vous enverrai le Consolateur, l'Esprit de Vérité, qui rétablira toutes choses et vous les expliquera toutes.* » (Jean, ch. XIV, XVI ; Matth., ch. XVII.)

Si le Christ n'a pas dit tout ce qu'il aurait pu dire, c'est qu'il a cru devoir laisser certaines vérités dans l'ombre jusqu'à ce que les hommes fussent en état de les comprendre. De son aveu, son enseignement était donc incomplet, puisqu'il annonce la venue de celui qui doit le compléter ; il prévoyait donc qu'on se méprendrait sur ses paroles, qu'on dévierait de son enseignement ; en un mot, qu'on déferait ce qu'il a fait, puisque toute chose doit être rétablie : or on ne *rétablit* que ce qui a été défait.

27. — Pourquoi appelle-t-il le nouveau Messie, *Consolateur?* Ce nom significatif et sans ambiguïté est toute une révélation. Il prévoyait donc que les hommes auraient besoin de consolations, ce qui implique l'insuffisance de celles qu'ils trouveraient dans la croyance qu'ils allaient se faire. Jamais peut-être Christ n'a été plus clair et plus explicite que dans ces dernières paroles, auxquelles peu de personnes ont pris garde, peut-être parce qu'on a évité de les mettre en lumière et d'en approfondir le sens prophétique.

28. — Si le Christ n'a pu développer son enseignement

d'une manière complète, c'est qu'il manquait aux hommes des connaissances que ceux-ci ne pouvaient acquérir qu'avec le temps, et sans lesquelles ils ne pouvaient le comprendre ; il est des choses qui eussent paru un non-sens dans l'état des connaissances d'alors. Compléter son enseignement doit donc s'entendre dans le sens d'*expliquer* et de *développer*, bien plus que dans celui d'y ajouter des vérités nouvelles, car tout s'y trouve en germe ; seulement, il manquait la clef pour saisir le sens de ses paroles.

29. — Mais qui ose se permettre d'interpréter les Écritures sacrées ? Qui a ce droit ? Qui possède les lumières nécessaires, si ce ne sont les théologiens ?

Qui l'ose ? La science d'abord, qui ne demande de permission à personne pour faire connaître les lois de la nature, et saute à pieds joints sur les erreurs et les préjugés. — Qui a ce droit ? Dans ce siècle d'émancipation intellectuelle et de liberté de conscience, le droit d'examen appartient à tout le monde, et les Écritures ne sont plus l'arche sainte à laquelle nul n'osait toucher du doigt sans risquer d'être foudroyé. Quant aux lumières spéciales nécessaires, sans contester celles des théologiens, et quelque éclairés que fussent ceux du moyen âge, et en particulier les Pères de l'Église, ils ne l'étaient cependant point encore assez pour ne pas condamner, comme hérésie, le mouvement de la terre et la croyance aux antipodes ; et, sans remonter si haut, ceux de nos jours n'ont-ils pas jeté l'anathème aux périodes de la formation de la terre ?

Les hommes n'ont pu expliquer les Écritures qu'à l'aide de ce qu'ils savaient, des notions fausses ou incomplètes qu'ils avaient sur les lois de la nature, plus tard révélées par la science : voilà pourquoi les théologiens eux-mêmes ont pu, de très bonne foi, se méprendre sur le sens de certaines paroles et de certains faits de l'Évangile. Voulant à tout prix y trouver la confirmation d'une pensée préconçue, ils tournaient toujours dans le même cercle, sans quitter leur point de vue, de telle sorte qu'ils n'y voyaient que ce qu'ils voulaient y voir. Tout savants théologiens qu'ils étaient, ils ne pouvaient comprendre les causes dépendant de lois qu'ils ne connaissaient pas.

Mais qui sera juge des interprétations diverses et

souvent contradictoires, données en dehors de la théologie? — L'avenir, la logique et le bon sens. Les hommes, de plus en plus éclairés à mesure que de nouveaux faits et de nouvelles lois viendront se révéler, sauront faire la part des systèmes utopiques et de la réalité ; or la science fait connaître certaines lois ; le Spiritisme en fait connaître d'autres ; les unes et les autres sont indispensables à l'intelligence des textes sacrés de toutes les religions, depuis Confucius et le Bouddha jusqu'au Christianisme. Quant à la théologie, elle ne saurait judicieusement exciper des contradictions de la science, alors qu'elle n'est pas toujours d'accord avec elle-même.

30. — Le Spiritisme, prenant son point de départ dans les paroles mêmes du Christ, comme le Christ a pris le sien dans Moïse, est une conséquence directe de sa doctrine.

A l'idée vague de la vie future, il ajoute la révélation de l'existence du monde invisible qui nous entoure et peuple l'espace, et par là il précise la croyance ; il lui donne un corps, une consistance, une réalité dans la pensée.

Il définit les liens qui unissent l'âme et le corps, et lève le voile qui cachait aux hommes les mystères de la naissance et de la mort.

Par le Spiritisme, l'homme sait d'où il vient, où il va, pourquoi il est sur la terre, pourquoi il y souffre temporairement, et il voit partout la justice de Dieu.

Il sait que l'âme progresse sans cesse à travers une série d'existences successives, jusqu'à ce qu'elle ait atteint le degré de perfection qui peut la rapprocher de Dieu.

Il sait que toutes les âmes, ayant un même point de départ, sont créées égales, avec une même aptitude à progresser, en vertu de leur libre arbitre ; que toutes sont de même essence, et qu'il n'y a entre elles que la différence du progrès accompli ; que toutes ont la même destinée et atteindront le même but, plus ou moins promptement, selon leur travail et leur bonne volonté.

Il sait qu'il n'y a point de créatures déshéritées, ni plus favorisées les unes que les autres ; que Dieu n'en a point créé qui soient privilégiées et dispensées du travail imposé à d'autres pour progresser ; qu'il n'y a point d'êtres perpétuellement voués au mal et à la souffrance ; que ceux désignés sous le nom de *démons* sont des Esprits encore arriérés et imparfaits, qui font le mal à l'état d'Esprits, comme ils le faisaient à l'état d'hommes, mais qui avanceront et s'amélioreront ; que les anges ou purs Esprits ne sont point des êtres à part dans la création, mais des Esprits qui ont atteint le but, après avoir suivi la filière du progrès ; qu'ainsi il n'y a pas de créations multiples, ni différentes catégories parmi les êtres intelligents, mais que toute la création ressort de la grande loi d'unité qui régit l'univers, et que tous les êtres gravitent vers un but commun, qui est la perfection, sans que les uns soient favorisés aux dépens des autres, tous étant les fils de leurs œuvres.

31. — Par les rapports que l'homme peut maintenant établir avec ceux qui ont quitté la terre, il a non-seulement la preuve matérielle de l'existence et de l'individualité de l'âme, mais il comprend la solidarité qui relie les vivants et les morts de ce monde, et ceux de ce monde avec ceux des autres mondes. Il connaît leur situation dans le monde des Esprits ; il les suit dans leurs migrations ; il est témoin de leurs joies et de leurs peines ; il sait pourquoi ils sont heureux ou malheureux, et le sort qui l'attend lui-même selon le bien ou le mal qu'il fait. Ces rapports l'initient à la vie future, qu'il peut observer dans toutes ses phases, dans toutes ses péripéties ; l'avenir n'est plus une vague espérance : c'est un fait positif, une certitude mathématique. Alors la mort n'a plus rien d'effrayant, car c'est pour lui la délivrance, la porte de la véritable vie.

32. — Par l'étude de la situation des Esprits, l'homme sait que le bonheur et le malheur dans la vie spirituelle sont inhérents au degré de perfection et d'imperfection ; que chacun subit les conséquences directes et naturelles de ses fautes : autrement dit, qu'il est puni par où il a péché ; que ces conséquences durent aussi longtemps que la cause qui les a produites ; qu'ainsi le coupable souffrirait éternellement s'il persistait éternellement dans le mal, mais que la souffrance cesse avec le repentir et la réparation ; or, comme il dépend de chacun de s'améliorer, chacun peut, en vertu de son

libre arbitre, prolonger ou abréger ses souffrances, comme le malade souffre de ses excès aussi longtemps qu'il n'y met pas un terme.

33. — Si la raison repousse, comme incompatible avec la bonté de Dieu, l'idée des peines irrémissibles, perpétuelles et absolues, souvent infligées pour une seule faute; des supplices de l'enfer que ne peut adoucir le repentir le plus ardent et le plus sincère, elle s'incline devant cette justice distributive et impartiale, qui tient compte de tout, ne ferme jamais la porte du retour, et tend sans cesse la main au naufragé, au lieu de le repouser dans l'abîme.

34. — La pluralité des existences, dont le Christ a posé le principe dans l'Évangile, mais sans plus le définir que beaucoup d'autres, est une des lois les plus importantes révélées par le Spiritisme, en ce sens qu'il en démontre la réalité et la nécessité pour le progrès. Par cette loi, l'homme s'explique toutes les anomalies apparentes que présente la vie humaine; les différences de position sociale; les morts prématurées qui, sans la réincarnation, rendraient inutiles pour l'âme les vies abrégées; l'inégalité des aptitudes intellectuelles et morales, par l'ancienneté de l'Esprit qui a plus ou moins appris et progressé, et qui apporte en renaissant l'acquis de ses existences antérieures. (N° 5.)

35. — Avec la doctrine de la création de l'âme à chaque naissance, on retombe dans le système des créations privilégiées; les hommes sont étrangers les uns aux autres, rien ne les relie, les liens de famille sont purement charnels : ils ne sont point solidaires d'un passé où ils n'existaient pas ; avec celle du néant après la mort, tout rapport cesse avec la vie : ils ne sont point solidaires de l'avenir. Par la réincarnation, ils sont solidaires du passé et de l'avenir; leurs rapports se perpétuant dans le monde spirituel et dans le monde corporel, la fraternité a pour base les lois mêmes de la nature; le bien a un but, le mal a ses conséquences inévitables.

36. — Avec la réincarnation tombent les préjugés de races et de castes, puisque le même Esprit peut renaître riche ou pauvre, grand seigneur ou prolétaire, maître ou subordonné, libre ou esclave, homme ou femme. De tous les arguments invoqués contre l'in-

justice de la servitude et de l'esclavage, contre la sujétion de la femme à la loi du plus fort, il n'en est aucun qui prime en logique le fait matériel de la réincarnation. Si donc la réincarnation fonde sur une loi de la nature le principe de la fraternité universelle, elle fonde sur la même loi celui de l'égalité des droits sociaux, et par suite celui de la liberté.

37. — Otez à l'homme l'esprit libre, indépendant, survivant à la matière, vous en faites une machine organisée, sans but, sans responsabilité, sans autre frein que la loi civile, et *bonne à exploiter* comme un animal intelligent. N'attendant rien après la mort, rien ne l'arrête pour augmenter les jouissances du présent; s'il souffre, il n'a en perspective que le désespoir et le néant pour refuge. Avec la certitude de l'avenir, celle de retrouver ceux qu'il a aimés, *la crainte de revoir ceux qu'il a offensés*, toutes ses idées changent. Le Spiritisme, n'eût-il fait que tirer l'homme du doute touchant la vie future, aurait plus fait pour son amélioration morale que toutes les lois disciplinaires qui le brident quelquefois, mais ne le changent pas.

38. — Sans la préexistence de l'âme, la doctrine du péché originel n'est pas seulement inconciliable avec la justice de Dieu, qui rendrait tous les hommes responsables de la faute d'un seul : elle serait un non-sens, et d'autant moins justifiable que, suivant cette doctrine, l'âme n'existait pas à l'époque où l'on prétend faire remonter sa responsabilité. Avec la préexistence, l'homme apporte en *renaissant* le germe de ses imperfections, des défauts dont il ne s'est pas corrigé, et qui se traduisent par ses instincts natifs, ses propensions à tel ou tel vice. C'est là son véritable péché originel, dont il subit tout naturellement les conséquences, mais avec cette différence capitale qu'il porte la peine de ses propres fautes, et non celle de la faute d'un autre ; et cette autre différence, à la fois consolante, encourageante et souverainement équitable, que chaque existence lui offre les moyens de se racheter par la réparation, et de progresser, soit en se dépouillant de quelque imperfection, soit en acquérant de nouvelles connaissances, et cela jusqu'à ce qu'étant suffisamment purifié, il n'ait plus besoin de la vie corporelle, et puisse vivre exclusivement de la vie spirituelle, éternelle et bienheureuse.

Par la même raison, celui qui a progressé moralement apporte, en renaissant, des qualités natives, comme celui qui a progressé intellectuellement apporte des idées innées; il est identifié avec le bien; il le pratique sans efforts, sans calcul et, pour ainsi dire, sans y penser. Celui qui est obligé de combattre ses mauvaises tendances en est encore à la lutte : le premier a déjà vaincu, le second est en train de vaincre. Il y a donc *vertu originelle*, comme il y a *savoir originel*, et *péché* ou mieux *vice originel*.

39. — Le Spiritisme expérimental a étudié les propriétés des fluides spirituels et leur action sur la matière. Il a démontré l'existence du *périsprit*, soupçonné dès l'antiquité, et désigné par saint Paul sous le nom de *Corps spirituel*, c'est-à-dire de corps fluidique de l'âme après la destruction du corps tangible. On sait aujourd'hui que cette enveloppe est inséparable de l'âme; qu'elle est un des éléments constitutifs de l'être humain; qu'elle est le véhicule de transmission de la pensée, et que, pendant la vie du corps, elle sert de lien entre l'Esprit et la matière. Le périsprit joue un rôle si important dans l'organisme et dans une foule d'affections, qu'il se lie à la physiologie aussi bien qu'à la psychologie.

40. — L'étude des propriétés du périsprit, des fluides spirituels et des attributs physiologiques de l'âme, ouvre de nouveaux horizons à la science, et donne la clef d'une foule de phénomènes incompris jusqu'alors faute de connaître la loi qui les régit; phénomènes niés par le matérialisme, parce qu'ils se rattachent à la spiritualité, qualifiés par d'autres de miracles ou de sortiléges, selon les croyances. Tels sont, entre autres, les phénomènes de la double vue, de la vue à distance, du somnambulisme naturel et artificiel, des effets psychiques de la catalepsie et de la léthargie, de la prescience, des pressentiments, des apparitions, des transfigurations, de la transmission de pensée, de la fascination, des guérisons instantanées, des obsessions et possessions, etc. En démontrant que ces phénomènes reposent sur des lois aussi naturelles que les phénomènes électriques, et les conditions normales dans lesquelles ils peuvent se reproduire, le Spiritisme détruit l'empire du merveilleux et du surnaturel, et par suite

la source de la plupart des superstitions. S'il fait croire à la possibilité de certaines choses regardées par quelques-uns comme chimériques, il empêche de croire à beaucoup d'autres dont il démontre l'impossibilité et l'irrationnalité.

41. — Le Spiritisme, bien loin de nier ou de détruire l'Évangile, vient au contraire confirmer, expliquer et développer, par les nouvelles lois de nature qu'il révèle, tout ce qu'a dit et fait le Christ ; il porte la lumière sur les points obscurs de son enseignement, de telle sorte que ceux pour qui certaines parties de l'Évangile étaient inintelligibles, ou semblaient *inadmissibles*, les comprennent sans peine à l'aide du Spiritisme, et les admettent ; ils en voient mieux la portée, et peuvent faire la part de la réalité et de l'allégorie ; le Christ leur paraît plus grand : ce n'est plus simplement un philosophe, c'est un Messie divin.

42. — Si l'on considère, en outre, la puissance moralisatrice du Spiritisme par le but qu'il assigne à toutes les actions de la vie, par les conséquences du bien et du mal qu'il fait toucher du doigt ; la force morale, le courage, les consolations qu'il donne dans les afflictions par une inaltérable confiance en l'avenir, par la pensée d'avoir près de soi les êtres que l'on a aimés, l'assurance de les revoir, la possibilité de s'entretenir avec eux, enfin par la certitude que de tout ce que l'on fait, de tout ce que l'on acquiert en intelligence, en science, en moralité, *jusqu'à la dernière heure de la vie*, rien n'est perdu, que tout profite à l'avancement, on reconnaît que le Spiritisme réalise toutes les promesses du Christ à l'égard du *Consolateur* annoncé. Or, comme c'est l'*Esprit de Vérité* qui préside au grand mouvement de la régénération, la promesse de son avènement se trouve de même réalisée, car, par le fait, c'est lui qui est le véritable *Consolateur* (1).

(1) Bien des pères de famille déplorent la mort prématurée d'enfants pour l'éducation desquels ils ont fait de grands sacrifices, et se disent que tout cela est en pure perte. Avec le Spiritisme, ils ne regrettent pas ces sacrifices, et seraient prêts à les faire, même avec la certitude de voir mourir leurs enfants, car ils savent que, si ces derniers ne profitent pas de cette éducation dans le présent, elle servira, d'abord à leur avancement comme Esprits ; puis, que ce sera autant d'acquis pour une nouvelle existence, et que lorsqu'ils reviendront, ils auront un bagage intel-

43. — Si, à ces résultats, on ajoute la rapidité inouïe de la propagation du Spiritisme, malgré tout ce qu'on a fait pour l'abattre, on ne peut disconvenir que sa venue ne soit providentielle, puisqu'il triomphe de toutes les forces et de toutes les mauvaises volontés humaines. La facilité avec laquelle il est accepté par un si grand nombre, et cela sans contrainte, sans autres moyens que la puissance de l'idée, prouve qu'il répond à un besoin, celui de croire à quelque chose, après le vide creusé par l'incrédulité, et que, par conséquent, il est venu en son temps.

44. — Les affligés sont en grand nombre ; il n'est donc pas surprenant que tant de gens accueillent une doctrine qui console, de préférence aux doctrines qui désespèrent, car c'est aux déshérités, plus qu'aux heureux du monde, que s'adresse le Spiritisme. Le malade voit venir le médecin avec plus de joie que celui qui se porte bien ; or les affligés sont des malades, et le Consolateur est le médecin.

Vous qui combattez le Spiritisme, si vous voulez qu'on le quitte pour vous suivre, donnez donc plus et mieux que lui ; guérissez plus sûrement les blessures de l'âme. Donnez plus de consolations, plus de satisfactions du cœur, des espérances plus légitimes, des certitudes plus grandes ; faites de l'avenir un tableau plus rationnel, plus séduisant ; mais ne pensez pas l'emporter, vous, avec la perspective du néant ; vous, avec l'alternative des flammes de l'enfer ou de la béate et inutile contemplation perpétuelle.

45. — La première révélation était personnifiée dans Moïse, la seconde dans le Christ, la troisième ne l'est dans aucun individu. Les deux premières sont indivi-

lectuel qui les rendra plus aptes à acquérir de nouvelles connaissances. Tels sont ces enfants qui apportent en naissant des idées innées, qui savent sans, pour ainsi dire, avoir besoin d'apprendre. Si des parents n'ont pas la satisfaction immédiate de voir leurs enfants mettre cette éducation à profit, ils en jouiront certainement plus tard, soit comme Esprits, soit comme hommes. Peut-être seront-ils de nouveau les pères de ces mêmes enfants qu'on dit heureusement doués par la nature, et qui doivent leurs aptitudes à une précédente éducation ; comme aussi, si des enfants tournent mal par suite de la négligence de leurs parents, ceux-ci peuvent avoir à en souffrir plus tard par les ennuis et les chagrins qu'ils leur susciteront dans une nouvelle existence.

(Evang. selon le Spir., ch. v, n° 21 : *Morts prématurées.*)

duelles, la troisième est collective ; c'est là un caractère essentiel d'une grande importance. Elle est collective en ce sens, qu'elle n'a été faite par privilége à personne ; que personne, par conséquent, ne peut s'en dire le prophète exclusif. Elle a été faite simultanément sur toute la terre, à des millions de personnes, de tous âges et de toutes conditions, depuis le plus bas jusqu'au plus haut de l'échelle, selon cette prédiction rapportée par l'auteur des Actes des apôtres : « Dans les derniers temps, dit le Seigneur, je répandrai de mon esprit sur toute chair ; vos fils et vos filles prophétiseront ; vos jeunes gens auront des visions, et vos vieillards auront des songes. » (Actes, ch. II, v. 17, 18.) Elle n'est sortie d'aucun culte spécial, afin de servir un jour à tous de point de ralliement (1).

46. — Les deux premières révélations, étant le produit d'un enseignement personnel, ont été forcément localisées, c'est-à-dire qu'elles ont eu lieu sur un seul point, autour duquel l'idée s'est répandue de proche en proche ; mais il a fallu bien des siècles pour qu'elles atteignissent les extrémités du monde, sans même l'envahir tout entier. La troisième a cela de particulier, que n'étant pas personnifiée dans un individu, elle s'est produite simultanément sur des milliers de points différents, qui tous sont devenus des centres ou foyers de rayonne-

(1) Notre rôle personnel, dans le grand mouvement des idées qui se prépare par le Spiritisme, et qui commence à s'opérer, est celui d'un observateur attentif qui étudie les faits pour en chercher la cause et en tirer les conséquences. Nous avons confronté tous ceux qu'il nous a été possible de rassembler ; nous avons comparé et commenté les instructions données par les Esprits sur tous les points du globe, puis nous avons coordonné le tout méthodiquement ; en un mot, nous avons étudié, et donné au public le fruit de nos recherches, sans attribuer à nos travaux d'autre valeur que celle d'une œuvre philosophique déduite de l'observation et de l'expérience, sans jamais nous être posé en chef de doctrine, ni avoir voulu imposer nos idées à personne. En les publiant, nous avons usé d'un droit commun, et ceux qui les ont acceptées l'ont fait librement. Si ces idées ont trouvé de nombreuses sympathies, c'est qu'elles ont eu l'avantage de répondre aux aspirations d'un grand nombre, ce dont nous ne saurions tirer vanité, puisque l'origine ne nous en appartient pas. Notre plus grand mérite est celui de la persévérance et du dévoûment à la cause que nous avons embrassée. En tout cela, nous avons fait ce que d'autres eussent pu faire comme nous ; c'est pourquoi nous n'avons jamais eu la prétention de nous croire prophète ou messie, et encore moins de nous donner pour tel.

ment. Ces centres se multipliant, leurs rayons se rejoignent peu à peu, comme les cercles formés par une multitude de pierres jetées dans l'eau ; de telle sorte, qu'en un temps donné, ils finiront par couvrir la surface entière du globe.

Telle est une des causes de la rapide propagation de la doctrine. Si elle eût surgi sur un seul point, si elle eût été l'œuvre exclusive d'un homme, elle aurait formé secte autour de lui ; mais un demi-siècle se serait peut-être écoulé avant qu'elle eût atteint les limites du pays où elle aurait pris naissance, tandis qu'après dix ans, elle a des jalons plantés d'un pôle à l'autre.

47. — Cette circonstance, inouïe dans l'histoire des doctrines, donne à celle-ci une force exceptionnelle et une puissance d'action irrésistible ; en effet, si on la comprime sur un point, dans un pays, il est matériellement impossible de la comprimer sur tous les points, dans tous les pays. Pour un endroit où elle sera entravée, il y en aura mille à côté où elle fleurira. Bien plus, si on l'atteint dans un individu, on ne peut l'atteindre dans les Esprits qui en sont la source. Or, comme les Esprits sont partout, et qu'il y en aura toujours, si, par impossible, on parvenait à l'étouffer sur tout le globe, elle reparaîtrait quelque temps après, parce qu'elle repose sur *un fait, que ce fait est dans la nature*, et qu'on ne peut supprimer les lois de la nature. Voilà ce dont doivent se persuader ceux qui rêvent l'anéantissement du Spiritisme. (*Revue spirite*, fév. 1865, p. 38 : *Perpétuité du Spiritisme.*)

48. — Cependant, ces centres disséminés auraient pu rester encore longtemps isolés les uns des autres, confinés que sont quelques-uns dans les pays lointains. Il fallait entre eux un trait d'union qui les mît en communion de pensées avec leurs frères en croyance, en leur apprenant ce qui se faisait ailleurs. Ce trait d'union, qui aurait manqué au Spiritisme dans l'antiquité, se trouve dans les publications qui vont partout, qui condensent, sous une forme unique, concise et méthodique, l'enseignement donné partout sous des formes multiples et dans des langues diverses.

49. — Les deux premières révélations ne pouvaient être que le résultat d'un enseignement direct ; elles devaient s'imposer à la foi par l'autorité de la parole du

Maître, les hommes n'étant pas assez avancés pour concourir à leur élaboration.

Remarquons, toutefois, entre elles une nuance bien sensible qui tient au progrès des mœurs et des idées, bien qu'elles aient été faites chez le même peuple et dans le même milieu, mais à près de dix-huit siècles d'intervalle. La doctrine de Moïse est absolue, despotique ; elle n'admet pas de discussion et s'impose à tout le peuple par la force. Celle de Jésus est essentiellement *conseillère ;* elle est librement acceptée et ne s'impose que par la persuasion ; elle est controversée du vivant même de son fondateur, qui ne dédaigne pas de discuter avec ses adversaires.

50. — La troisième révélation, venue à une époque d'émancipation et de maturité intellectuelle, où l'intelligence développée ne peut se résoudre à un rôle passif, où l'homme n'accepte rien en aveugle, mais veut voir où on le conduit, savoir le pourquoi et le comment de chaque chose, devait être à la fois le produit d'un enseignement et le fruit du travail, de la recherche et du libre examen. *Les Esprits n'enseignent que juste ce qu'il faut pour mettre sur la voie de la vérité, mais ils s'abstiennent de révéler ce que l'homme peut trouver par lui-même,* lui laissant le soin de discuter, de contrôler et de soumettre le tout au creuset de la raison, le laissant même souvent acquérir l'expérience à ses dépens. Ils lui donnent le principe, les matériaux : à lui d'en tirer profit et de les mettre en œuvre. (N° 15.)

51. — Les éléments de la révélation spirite ayant été donnés simultanément, sur une multitude de points, à des hommes de toutes conditions sociales et de divers degrés d'instruction, il est bien évident que les observations ne pouvaient être faites partout avec le même fruit ; que les conséquences à en tirer, la déduction des lois qui régissent cet ordre de phénomènes, en un mot la conclusion qui devait asseoir les idées, ne pouvait sortir que de l'ensemble et de la corrélation des faits. Or, chaque centre isolé, circonscrit dans un cercle restreint, ne voyant, le plus souvent, qu'un ordre particulier de faits quelquefois en apparence contradictoires, n'ayant généralement affaire qu'à une même catégorie d'Esprits, et, de plus, entravé par les influences locales et l'esprit de parti, se trouvait dans l'impossibilité ma-

térielle d'embrasser l'ensemble, et, par cela même, impuissant à rattacher les observations isolées à un principe commun. Chacun appréciant les faits au point de vue de ses connaissances et de ses croyances antérieures, ou de l'opinion particulière des Esprits qui se manifestent, il y aurait eu bientôt autant de théories et de systèmes que de centres, et dont aucun n'aurait pu être complet, faute d'éléments de comparaison et de contrôle. En un mot, chacun se serait immobilisé dans sa révélation partielle, croyant avoir toute la vérité, faute de savoir qu'en cent autres endroits on obtenait plus ou mieux.

52.— En outre, il est à remarquer que nulle part l'enseignement spirite n'a été donné d'une manière complète ; il touche à un si grand nombre d'observations, à des sujets si divers qui exigent soit des connaissances, soit des aptitudes médianimiques spéciales, qu'il eût été impossible de réunir sur un même point toutes les conditions nécessaires. L'enseignement devant être collectif et non individuel, les Esprits ont divisé le travail en disséminant les sujets d'étude et d'observation, comme, dans certaines fabriques, la confection de chaque partie d'un même objet est répartie entre différents ouvriers.

La révélation s'est ainsi faite partiellement, en divers lieux et par une multitude d'intermédiaires, et c'est de cette manière qu'elle se poursuit encore en ce moment, car tout n'est pas révélé. Chaque centre trouve, dans les autres centres, le complément de ce qu'il obtient, et c'est l'ensemble, la coordination de tous les enseignements partiels qui ont constitué la *doctrine spirite*.

Il était donc nécessaire de grouper les faits épars pour voir leur corrélation, de rassembler les documents divers, les instructions données par les Esprits sur tous les points et sur tous les sujets, pour les comparer, les analyser, en étudier les analogies et les différences. Les communications étant données par des Esprits de tous ordres, plus ou moins éclairés, il fallait apprécier le degré de confiance que la raison permettait de leur accorder, distinguer les idées systématiques individuelles et isolées de celles qui avaient la sanction de l'enseignement général des Esprits, les utopies des idées pratiques ; élaguer celles qui étaient notoirement démenties par les données de la science positive et la saine logique, utiliser également les erreurs, les renseignements fournis par les Esprits, même du plus bas étage, pour la connaissance de l'état du monde invisible, et en former un tout homogène. Il fallait, en un mot, un centre d'élaboration, indépendant de toute idée préconçue, de tout préjugé de secte, *résolu d'accepter la vérité devenue évidente, dût-elle être contraire à ses opinions personnelles.* Ce centre s'est formé de lui-même, par la force des choses, et *sans dessein prémédité* (1).

53. — De cet état de choses, il est résulté un double courant d'idées : les unes allant des extrémités au centre, les autres retournant du centre à la circonférence. C'est ainsi que la doctrine a promptement marché vers l'unité, malgré la diversité des sources d'où elle est émanée; que les systèmes divergents sont peu à peu tombés, par le fait de leur isolement, devant l'ascendant de l'opinion de la majorité, faute d'y trouver des échos sympathiques. Une communion de pensées s'est dès lors établie entre les différents centres partiels; parlant la même langue spirituelle, ils se com-

(1) Le *Livre des Esprits*, le premier ouvrage qui ait fait entrer le Spiritisme dans la voie philosophique, par la déduction des conséquences morales des faits, qui ait abordé toutes les parties de la doctrine, en touchant aux questions les plus importantes qu'elle soulève, a été, dès son apparition, le point de ralliement vers lequel ont spontanément convergé les travaux individuels. Il est de notoriété que de la publication de ce livre date l'ère du Spiritisme philosophique, resté jusque-là dans le domaine des expériences de curiosité. Si ce livre a conquis les sympathies de la majorité, c'est qu'il était l'expression des sentiments de cette même majorité, et qu'il répondait à ses aspirations; c'est aussi parce que chacun y trouvait la confirmation et une explication rationnelle de ce qu'il obtenait en particulier. S'il avait été en désaccord avec l'enseignement général des Esprits, il n'aurait eu aucun crédit, et serait promptement tombé dans l'oubli. Or à qui s'est-on rallié? ce n'est pas à l'homme, qui n'est rien par lui-même, cheville ouvrière qui meurt et disparaît, mais à l'idée, qui ne périt pas quand elle émane d'une source supérieure à l'homme.

Cette concentration spontanée des forces éparses a donné lieu à une correspondance immense, monument unique au monde, tableau vivant de la véritable histoire du Spiritisme moderne, où se reflètent à la fois les travaux partiels, les sentiments multiples qu'a fait naître la doctrine, les résultats moraux, les dévoûments et les défaillances; archives précieuses pour la postérité, qui pourra juger les hommes et les choses sur des pièces authentiques. En présence de ces témoignages irrécusables, que deviendront, dans la suite, toutes les fausses allégations, les diffamations de l'envie et de la jalousie?..

prennent et sympathisent d'un bout au monde à l'autre.

Les Spirites se sont trouvés plus forts, ils ont lutté avec plus de courage, ils ont marché d'un pas plus assuré quand ils ne se sont plus vus isolés, quand ils ont senti un point d'appui, un lien qui les rattachait à la grande famille ; les phénomènes dont ils étaient témoins ne leur ont plus semblé étranges, anormaux, contradictoires, quand ils ont pu les rattacher à des lois générales d'harmonie, embrasser d'un coup d'œil l'édifice, et voir à tout cet ensemble un but grand et humanitaire (1).

Mais comment savoir si un principe est enseigné partout, ou s'il n'est que le résultat d'une opinion individuelle ? Les groupes isolés n'étant pas à même de savoir ce qui se dit ailleurs, il était nécessaire qu'un centre rassemblât toutes les instructions pour faire une sorte de dépouillement des voix, et porter à la connaissance de tous l'opinion de la majorité (2).

(1) Un témoignage significatif, aussi remarquable que touchant, de cette communion de pensées qui s'établit entre les Spirites par la conformité des croyances, ce sont les demandes de prières qui nous viennent des contrées les plus lointaines, depuis le Pérou jusqu'aux extrémités de l'Asie, de la part de personnes de religions et de nationalités diverses, et que nous n'avons jamais vues. N'est-ce pas là le prélude de la grande unification qui se prépare ? la preuve des racines sérieuses que prend partout le Spiritisme ?

Il est remarquable que, de tous les groupes qui se sont formés avec l'intention préméditée de faire scission en proclamant des principes divergents, de même que ceux qui, par des raisons d'amour-propre ou autres, ne voulant pas avoir l'air de subir la loi commune, se sont crus assez forts pour marcher seuls, assez de lumières pour se passer de conseils, aucun n'est parvenu à constituer une idée prépondérante et viable ; tous se sont éteints ou ont végété dans l'ombre. Comment pouvait-il en être autrement, dès lors que pour se distinguer, au lieu de s'efforcer de donner une plus grande somme de satisfactions, ils rejetaient des principes de la doctrine précisément ce qui en fait le plus puissant attrait, ce qu'il y a de plus consolant, de plus encourageant et de plus rationnel ? S'ils avaient compris la puissance des éléments moraux qui ont constitué l'unité, ils ne se seraient pas bercés d'une illusion chimérique ; mais, prenant leur petit cercle pour l'univers, ils n'ont vu dans les adhérents qu'une coterie qui pouvait facilement être renversée par une contre-coterie. C'était se méprendre étrangement sur les caractères essentiels de la doctrine, et cette erreur ne pouvait amener que des déceptions ; au lieu de rompre l'unité, ils ont brisé le seul lien qui pouvait leur donner la force et la vie. (Voir *Revue spirite*, avril 1866, pages 106 et 111 : *Le Spiritisme sans les Esprits ; le Spiritisme indépendant.*)

(2) Tel est l'objet de nos publications, qui peuvent être considé-

54. — Il n'est aucune science qui soit sortie de toutes pièces du cerveau d'un homme ; toutes, sans exception, sont le produit d'observations successives s'appuyant sur les observations précédentes, comme sur un point connu pour arriver à l'inconnu. C'est ainsi que les Esprits ont procédé pour le Spiritisme ; c'est pourquoi leur enseignement est gradué ; ils n'abordent les questions qu'au fur et à mesure que les principes sur lesquels elles doivent s'appuyer sont suffisamment élaborés, et que l'opinion est mûre pour se les assimiler. Il est même remarquable que toutes les fois que les centres particuliers ont voulu aborder des questions prématurées, ils n'ont obtenu que des réponses contradictoires non concluantes. Quand, au contraire, le moment favorable est venu, l'enseignement se généralise et s'unifie dans la presque universalité des centres.

Il y a, toutefois, entre la marche du Spiritisme et celle des sciences une différence capitale : c'est que celles-ci n'ont atteint le point où elles sont arrivées qu'après de longs intervalles, **tandis** qu'il a suffi de quelques années au Spiritisme, sinon pour atteindre le point culminant, du moins pour recueillir une somme d'observations assez grande pour constituer une doctrine. Cela tient à la multitude innombrable d'Esprits qui, par la volonté de Dieu, se sont manifestés simultanément, apportant chacun le contingent de ses connaissances. Il en est résulté que toutes les parties de la doctrine, au lieu d'être élaborées successivement durant plusieurs siècles, l'ont été à peu près simultanément en quelques années, et qu'il a suffi de les grouper pour en former un tout.

Dieu a voulu qu'il en fût ainsi, d'abord, pour que l'édifice arrivât plus promptement au faîte ; en second lieu, pour que l'on pût, par la comparaison, avoir un contrôle pour ainsi dire immédiat et permanent dans l'universalité de l'enseignement, chaque partie n'ayant

rées comme le résultat de ce dépouillement. Toutes les opinions y sont discutées, mais les questions ne sont formulées en principes qu'après avoir reçu la consécration de tous les contrôles qui, seule, peut leur donner force de loi, et permettre d'affirmer. Voilà pourquoi nous ne préconisons légèrement aucune théorie, et c'est en cela que la doctrine, procédant de l'enseignement général, n'est point le produit d'un système préconçu ; c'est aussi ce qui fait sa force et assure son avenir.

de valeur et d'*autorité* que par sa connexité avec l'ensemble, toutes devant s'harmoniser, trouver leur place dans le casier général, et arriver chacune en son temps.

En ne confiant pas à un seul Esprit le soin de la promulgation de la doctrine, Dieu a voulu en outre que le plus petit comme le plus grand, parmi les Esprits comme parmi les hommes, apportât sa pierre à l'édifice, afin d'établir entre eux un lien de solidarité coopérative qui a manqué à toutes les doctrines sorties d'une source unique.

D'un autre côté, chaque Esprit, de même que chaque homme, n'ayant qu'une somme limitée de connaissances, individuellement ils étaient inhabiles à traiter *ex professo* les innombrables questions auxquelles touche le Spiritisme ; voilà également pourquoi la doctrine, pour remplir les vues du Créateur, ne pouvait être l'œuvre ni d'un seul Esprit, ni d'un seul médium ; elle ne pouvait sortir que de la collectivité des travaux contrôlés les uns par les autres (1).

55. — Un dernier caractère de la révélation spirite, et qui ressort des conditions mêmes dans lesquelles elle est faite, c'est que, s'appuyant sur des faits, elle est et ne peut être qu'essentiellement progressive, comme toutes les sciences d'observation. Par son essence, elle contracte alliance avec la science qui, étant l'exposé des lois de la nature dans un certain ordre de faits, ne peut être contraire à la volonté de Dieu, l'auteur de ces lois. *Les découvertes de la science glorifient Dieu au lieu de l'abaisser ; elles ne détruisent que ce que les hommes ont bâti sur les idées fausses qu'ils se sont faites de Dieu.*

Le Spiritisme ne pose donc en principe absolu que ce qui est démontré avec évidence, ou ce qui ressort logiquement de l'observation. Touchant à toutes les branches de l'économie sociale, auxquelles il prête l'appui de ses propres découvertes, il s'assimilera toujours toutes les doctrines progressives, de quelque ordre qu'elles soient, arrivées à l'état de *vérités pratiques*, et sorties du domaine de l'utopie, sans cela il se suiciderait ; en cessant d'être ce qu'il est, il mentirait à son

(1) Voir dans l'*Evangile selon le Spiritisme*, introduction, p. VI, et *Revue spirite*, avril, 1864, p. 90 : *Autorité de la doctrine spirite ; contrôle universel de l'enseignement des Esprits.*

origine et à son but providentiel. *Le Spiritisme, marchant avec le progrès, ne sera jamais débordé, parce que, si de nouvelles découvertes lui démontraient qu'il est dans l'erreur sur un point, il se modifierait sur ce point ; si une nouvelle vérité se révèle, il l'accepte* (1).

56. — Quelle est l'utilité de la doctrine morale des Esprits, puisqu'elle n'est autre que celle du Christ? L'homme a-t-il besoin d'une révélation, et ne peut-il trouver en lui-même tout ce qui lui est nécessaire pour se conduire?

Au point de vue moral, Dieu a sans doute donné à l'homme un guide dans sa conscience, qui lui dit : « Ne fais pas à autrui ce que tu ne voudrais pas qu'on te fît. » La morale naturelle est certainement inscrite dans le cœur des hommes, mais tous savent-ils y lire? N'ont-ils jamais méconnu ses sages préceptes? Qu'ont-ils fait de la morale du Christ? Comment la pratiquent ceux mêmes qui l'enseignent? N'est-elle pas devenue une lettre morte, une belle théorie, bonne pour les autres et non pour soi? Reprocherez-vous à un père de répéter dix fois, cent fois les mêmes instructions à ses enfants s'ils n'en profitent pas? Pourquoi Dieu ferait-il moins qu'un père de famille? Pourquoi n'enverrait-il pas de temps à autre parmi les hommes des messagers spéciaux chargés de les rappeler à leurs devoirs, et de les remettre en bon chemin quand ils s'en écartent, d'ouvrir les yeux de l'intelligence à ceux qui les ont fermés, comme les hommes les plus avancés envoient des missionnaires chez les sauvages et les barbares?

Les Esprits n'enseignent pas d'autre morale que celle du Christ, par la raison qu'il n'y en a pas de meilleure. Mais alors à quoi bon leur enseignement, puisqu'ils ne disent que ce que nous savons? On pourrait en dire autant de la morale du Christ, qui fut enseignée cinq cents ans avant lui par Socrate et Platon, et dans des termes

(1) Devant des déclarations aussi nettes et aussi catégoriques que celles qui sont contenues dans ce chapitre, tombent toutes les allégations de tendance à l'absolutisme et à l'autocratie des principes, toutes les fausses assimilations que des gens prévenus ou mal informés prêtent à la doctrine. Ces déclarations, d'ailleurs, ne sont pas nouvelles; nous les avons assez souvent répétées dans nos écrits pour ne laisser aucun doute à cet égard. Elles nous assignent, en outre, notre véritable rôle, le seul que nous ambitionnons : celui de travailleur.

presque identiques ; de tous les moralistes qui répètent la même chose sur tous les tons et sous toutes les formes. Eh bien ! *les Esprits viennent tout simplement augmenter le nombre des moralistes,* avec la différence que, se manifestant partout, ils se font entendre dans la chaumière aussi bien que dans le palais, aux ignorants comme aux gens instruits.

Ce que l'enseignement des Esprits ajoute à la morale du Christ, c'est la connaissance des principes qui relient les morts et les vivants, qui complètent les notions vagues qu'il avait données de l'âme, de son passé et de son avenir, et qui donnent pour sanction à sa doctrine les lois mêmes de la nature. A l'aide des nouvelles lumières apportées par le Spiritisme et les Esprits, l'homme comprend la solidarité qui relie tous les êtres ; la charité et la fraternité deviennent une nécessité sociale ; il fait par conviction ce qu'il ne faisait que par devoir, et il le fait mieux.

Lorsque les hommes pratiqueront la morale du Christ, alors seulement ils pourront dire qu'ils n'ont plus besoin de moralistes incarnés ou désincarnés ; mais alors aussi Dieu ne leur en enverra plus.

57. — Une des questions les plus importantes parmi celles qui sont posées en tête de cet ouvrage est celle-ci : Quelle est l'autorité de la révélation spirite, puisqu'elle émane d'êtres dont les lumières sont bornées, et qui ne sont pas infaillibles ?

L'objection serait sérieuse si cette révélation ne consistait que dans l'enseignement des Esprits, si nous devions la tenir d'eux exclusivement et l'accepter les yeux fermés ; elle est sans valeur dès l'instant que l'homme y apporte le concours de son intelligence et de son jugement ; que les Esprits se bornent à le mettre sur la voie des déductions qu'il peut tirer de l'observation des faits. Or, les manifestations et leurs innombrables variétés sont des faits ; l'homme les étudie et en cherche la loi ; il est aidé dans ce travail par les Esprits de tous ordres, qui sont plutôt des *collaborateurs* que des *révélateurs* dans le sens usuel du mot ; il soumet leurs dires au contrôle de la logique et du bon sens ; de cette manière, il bénéficie des connaissances spéciales qu'ils doivent à leur position, sans abdiquer l'usage de sa propre raison.

Les Esprits n'étant autres que les âmes des hommes,

en communiquant avec eux *nous ne sortons pas de l'humanité*, circonstance capitale à considérer. Les hommes de génie qui ont été les flambeaux de l'humanité sont donc sortis du monde des Esprits, comme ils y sont rentrés en quittant la terre. Dès lors que les Esprits peuvent se communiquer aux hommes, ces mêmes génies peuvent leur donner des instructions sous la forme spirituelle, comme ils l'ont fait sous la forme corporelle ; ils peuvent nous instruire après leur mort, comme ils le faisaient de leur vivant ; ils sont invisibles au lieu d'être visibles, voilà toute la différence. Leur expérience et leur savoir ne doivent pas être moindres, et si leur parole, comme hommes, avait de l'autorité, elle n'en doit pas avoir moins parce qu'ils sont dans le monde des Esprits.

58. — Mais ce ne sont pas seulement les Esprits supérieurs qui se manifestent, ce sont aussi les Esprits de tous ordres, et cela était nécessaire pour nous initier au véritable caractère du monde spirituel, en nous le montrant sous toutes ses faces ; par là, les relations entre le monde visible et le monde invisible sont plus intimes, la connexité est plus évidente ; nous voyons plus clairement d'où nous venons et où nous allons ; tel est le but essentiel de ces manifestations. Tous les Esprits, à quelque degré qu'ils soient parvenus, nous apprennent donc quelque chose, mais comme ils sont plus ou moins éclairés, c'est à nous de discerner ce qu'il y a en eux de bon ou de mauvais, et de tirer le profit que comporte leur enseignement ; or tous, quels qu'ils soient, peuvent nous apprendre ou nous révéler des choses que nous ignorons et que sans eux nous ne saurions pas.

59. — Les grands Esprits incarnés sont des individualités puissantes, sans contredit, mais dont l'action est restreinte et nécessairement lente à se propager. Qu'un seul d'entre eux, fût-il même Élie ou Moïse, Socrate ou Platon, soit venu en ces derniers temps révéler aux hommes l'état du monde spirituel, qui aurait prouvé la vérité de ses assertions, par ce temps de scepticisme ? Ne l'aurait-on pas regardé comme un rêveur ou un utopiste ? Et en admettant qu'il fût dans le vrai absolu, des siècles se seraient écoulés avant que ses idées fussent acceptées par les masses. Dieu, dans sa sagesse, n'a pas voulu qu'il en fût ainsi ; il a voulu que l'enseignement

fût donné par les *Esprits eux-mêmes*, et non par des incarnés, afin de convaincre de leur existence, et qu'il eût lieu simultanément par toute la terre, soit pour le propager plus rapidement, soit pour que l'on trouvât dans la coïncidence de l'enseignement une preuve de la vérité, chacun ayant ainsi les moyens de se convaincre par soi-même.

60. — Les Esprits ne viennent pas affranchir l'homme du travail de l'étude et des recherches; ils ne lui apportent aucune science toute faite; sur ce qu'il peut trouver lui-même, ils le laissent à ses propres forces; c'est ce que savent parfaitement aujourd'hui les Spirites Depuis longtemps, l'expérience a démontré l'erreur de l'opinion qui attribuait aux Esprits tout savoir et toute sagesse, et qu'il suffisait de s'adresser au premier Esprit venu pour connaître toutes choses. Sortis de l'humanité, les Esprits en sont une des faces; comme sur la terre, il y en a de supérieurs et de vulgaires; beaucoup en savent donc scientifiquement et philosophiquement moins que certains hommes; ils disent ce qu'ils savent, ni plus ni moins; comme parmi les hommes, les plus avancés peuvent nous renseigner sur plus de choses, nous donner des avis plus judicieux que les arriérés. *Demander des conseils aux Esprits, ce n'est point s'adresser à des puissances surnaturelles, mais à ses pareils, à ceux mêmes à qui on se serait adressé de leur vivant : à ses parents, à ses amis, ou à des individus plus éclairés que nous.* Voilà ce dont il importe de se persuader et ce qu'ignorent ceux qui, n'ayant pas étudié le Spiritisme, se font une idée complètement fausse sur la nature du monde des Esprits et des relations d'outre-tombe.

61. — Quelle est donc l'utilité de ces manifestations, ou si l'on veut de cette révélation, si les Esprits n'en savent pas plus que nous, ou s'ils ne nous disent pas tout ce qu'ils savent?

D'abord, comme nous l'avons dit, ils s'abstiennent de nous donner ce que nous pouvons acquérir par le travail; en second lieu, il est des choses qu'il ne leur est pas permis de révéler, parce que notre degré d'avancement ne le comporte pas. Mais cela à part, les conditions de leur nouvelle existence étendent le cercle de leurs perceptions; ils voient ce qu'ils ne voyaient pas sur la terre ; affranchis des entraves de la matière, délivrés des soucis de la vie corporelle, ils jugent les choses d'un point plus élevé, et par cela même plus sainement ; leur perspicacité embrasse un horizon plus vaste ; ils comprennent leurs erreurs, rectifient leurs idées et se débarrassent des préjugés humains.

C'est en cela que consiste la supériorité des Esprits sur l'humanité corporelle, et que leurs conseils peuvent être, eu égard à leur degré d'avancement, plus judicieux et plus désintéressés que ceux des incarnés. Le milieu dans lequel ils se trouvent leur permet en outre de nous initier aux choses de la vie future que nous ignorons, et que nous ne pouvons apprendre dans celui où nous sommes. Jusqu'à ce jour, l'homme n'avait créé que des hypothèses sur son avenir ; voilà pourquoi ses croyances sur ce point ont été partagées en systèmes si nombreux et si divergents, depuis le néantisme jusqu'aux fantastiques conceptions de l'enfer et du paradis. Aujourd'hui, ce sont les témoins oculaires, les acteurs mêmes de la vie d'outre-tombe qui viennent nous dire ce qu'il en est, *et qui seuls pouvaient le faire.* Ces manifestations ont donc servi à nous faire connaître le monde invisible qui nous entoure, et que nous ne soupçonnions pas ; et cette connaissance seule serait d'une importance capitale, en supposant que les Esprits fussent incapables de rien nous apprendre de plus.

Si vous allez dans un pays nouveau pour vous, rejetterez-vous les renseignements du plus humble paysan que vous rencontrerez ? Refuserez-vous de l'interroger sur l'état de la route, parce que ce n'est qu'un paysan ? Vous n'attendrez certainement pas de lui des éclaircissements d'une très haute portée, mais tel qu'il est et dans sa sphère, il pourra, sur certains points, vous renseigner mieux qu'un savant qui ne connaîtrait pas le pays. Vous tirerez de ses indications des conséquences qu'il ne pourrait tirer lui-même, mais il n'en aura pas moins été un instrument utile pour vos observations, n'eût-il servi qu'à vous faire connaître les mœurs des paysans. Il en est de même des rapports avec les Esprits, où le plus petit peut servir à nous apprendre quelque chose.

62. — Une comparaison vulgaire fera encore mieux comprendre la situation :

Un navire chargé d'émigrants part pour une destination lointaine ; il emporte des hommes de toutes conditions, des parents et des amis de ceux qui restent. On apprend que ce navire a fait naufrage ; nulle trace n'en est restée, aucune nouvelle n'est parvenue sur son sort ; on pense que tous les voyageurs ont péri, et le deuil est dans toutes les familles. Cependant l'équipage tout entier, sans en excepter un seul homme, a abordé une terre inconnue, abondante et fertile, où tous vivent heureux sous un ciel clément ; mais on l'ignore. Or, voilà qu'un jour un autre navire aborde cette terre ; il y trouve tous les naufragés sains et saufs. L'heureuse nouvelle se répand avec la rapidité de l'éclair ; chacun se dit : « Nos amis ne sont point perdus ! » et ils en rendent grâces à Dieu. Ils ne peuvent se voir, mais ils correspondent ; ils échangent des témoignages d'affection, et voilà que la joie succède à la tristesse.

Telle est l'image de la vie terrestre et de la vie d'outre-tombe, avant et après la révélation moderne ; celle-ci, semblable au second navire, nous apporte la bonne nouvelle de la survivance de ceux qui nous sont chers, et la certitude de les rejoindre un jour ; le doute sur leur sort et sur le nôtre n'existe plus ; le découragement s'efface devant l'espérance.

Mais d'autres résultats viennent féconder cette révélation. Dieu, jugeant l'humanité mûre pour pénétrer le mystère de sa destinée et contempler de sang-froid de nouvelles merveilles, a permis que le voile qui séparait le monde visible du monde invisible fût levé. Le fait des manifestations n'a rien d'extrahumain ; *c'est l'humanité spirituelle qui vient causer avec l'humanité corporelle*, et lui dire :

« Nous existons, donc le néant n'existe pas ; voilà ce que nous sommes, et voilà ce que vous **serez** ; l'avenir est à vous comme il est à nous. Vous marchiez dans les ténèbres, nous venons éclairer votre route et vous frayer la voie ; vous alliez au hasard, nous vous montrons le but. La vie terrestre était tout pour vous, parce que vous ne voyiez rien au delà ; nous venons vous dire, en vous montrant la vie spirituelle : La vie terrestre n'est rien. Votre vue s'arrêtait à la tombe, nous vous montrons au delà un horizon splendide. Vous ne saviez pas pourquoi vous souffrez sur la terre, maintenant, dans la souffrance, vous voyez la justice de Dieu; le bien était sans fruits apparents pour l'avenir, il aura désormais un but et sera une nécessité; la fraternité n'était qu'une belle théorie, elle est maintenant assise sur une loi de la nature. Sous l'empire de la croyance que tout finit avec la vie, l'immensité est vide, l'égoïsme règne en maître parmi vous, et votre mot d'ordre est : « Chacun pour soi; » avec la certitude de l'avenir, les espaces infinis se peuplent à l'infini, le vide et la sol'tude ne sont nulle part, la solidarité relie tous les êtres par delà et en deçà de la tombe; c'est le règne de la charité avec la devise: « Chacun pour tous et tous pour chacun. » Enfin, au terme de la vie, vous disiez un éternel adieu à ceux qui vous sont chers; maintenant, vous leur direz : « Au revoir ! »

Tels sont, en résumé, les résultats de la révélation nouvelle; elle est venue combler le vide creusé par l'incrédulité, relever les courages abattus par le doute ou la perspective du néant, et donner à toutes choses sa raison d'être. Ce résultat est-il donc sans importance, parce que les Esprits ne viennent pas résoudre les problèmes de la science, donner le savoir aux ignorants, et aux paresseux les moyens de s'enrichir sans peine? Cependant, les fruits que l'homme doit en retirer ne sont pas seulement pour la vie future; il en jouira sur la terre par la transformation que ces nouvelles croyances doivent nécessairement opérer sur son caractère, ses goûts, ses tendances et, par suite, sur les habitudes et les relations sociales. En mettant fin au règne de l'égoïsme, de l'orgueil et de l'incrédulité, elles préparent celui du bien, qui est le règne de Dieu annoncé par *le Christ* (1).

(1) L'emploi de l'article avant le mot *Christ* (du grec *Christos*, Oint), employé dans un sens absolu, est plus correct, attendu que ce mot n'est pas le nom du Messie de Nazareth, mais une qualité prise substantivement. On dira donc: Jésus était *Christ*; il était *le Christ* annoncé; la mort *du Christ* et non de *Christ*, tandis qu'on dit : la mort de *Jésus* et non *du Jésus*. Dans *Jésus-Christ*, les deux mots réunis forment un seul nom propre. C'est par la même raison qu'on dit : *le Bouddha*; Gaoutama acquit la dignité de *Bouddha* par ses vertus et ses austérités; la vie *du Bouddha*, comme on dit : l'armée *du Pharaon* et non de *Pharaon*; Henri IV était *roi*; le titre de *roi*; la mort *du roi*, et non de *roi*.

Paris. — Typ. Rouge frères, Dunon et Fresné, rue du Four-St-Germain, 43.

OUVRAGES FONDAMENTAUX SUR LA DOCTRINE SPIRITE
par ALLAN KARDEC

Le livre des Esprits (Partie philosophique), contenant les principes de la doctrine spirite; 15ᵉ édition. 1 vol. in-12, 3 fr. 50.

Le livre des Médiums (Partie expérimentale). Guide des médiums et des évocateurs, contenant la théorie de tous les genres de manifestations. 1 vol. in-12, 10ᵉ édition, 3 fr. 50.

L'Evangile selon le Spiritisme (Partie morale), contenant l'explication des maximes morales du Christ, leur application et leur concordance avec le Spiritisme. 1 vol. in-12, 4ᵉ édition, 3 fr. 50.

Le ciel et l'enfer, *ou la justice divine selon le Spiritisme,* contenant de nombreux exemples sur la situation des Esprits dans le monde spirituel et sur la terre. 1 vol. in-12, 3 fr. 50.

La Genèse, les miracles et les prédictions *selon le Spiritisme.* 1 vol. in-12, 3 fr. 50.

Frais de poste pour la France et l'Algérie, 50 cent. par vol.

ABRÉGÉS

Qu'est-ce que le Spiritisme ? Introduction à la connaissance du monde invisible ou des Esprits. 1 vol. in-12, 6ᵉ édition, 1 fr.; par la poste, 1 fr. 20.

Le Spiritisme à sa plus simple expression, exposé sommaire de l'enseignement des Esprits et de leurs manifestations. Brochure in-18 de 36 pages, 15 cent.; vingt exemplaires, 2 fr.; par la poste, 2 fr. 60.

Résumé de la loi des phénomènes spirites. Brochure in-18, 0 fr. 10 cent.; par la poste, 0 fr. 15 cent.

Caractères de la révélation spirite. Brochure in-18, 15 cent.; vingt exemplaires, 2 fr.; par la poste, 2 fr. 60.

Voyage spirite en 1862. Brochure in-8º, 1 fr.

Revue spirite, *Journal d'études psychologiques,* paraissant chaque mois depuis le 1ᵉʳ janvier 1858, par livraisons de deux feuilles au moins, grand in-8º. — Prix, pour la France et l'Algérie, 10 fr. par an; étranger, 12 fr.; pays d'outre-mer, 14 fr. — On ne s'abonne pas pour moins d'un an. Les abonnements partent du 1ᵉʳ janvier de chaque année.

On peut se procurer tous les numéros séparément, depuis le commencement. Prix de chaque numéro, 1 fr.

Collections de la Revue spirite depuis 1858. Chaque année forme un fort volume grand in-8º broché, avec titre spécial, table générale et couverture imprimée. Prix, 7 fr. le volume. Bureaux : Paris, 7, rue de Lille.

La raison du Spiritisme, par Michel BONNAMY, juge d'instruction, membre du congrès scientifique de France, ancien membre du conseil général de Tarn-et-Garonne. 1 vol. in-12, 3 fr.; par la poste, 3 fr. 40.

Paris. — Typ. Rouge frères, Dunon et Fresné, rue du Four-Saint-Germain, 43.